AF349943

Le 11 mai 1887 l'église Saint-Sulpice était parée comme en ses plus beaux jours. Au pied du grand autel orné de fleurs et de bougies étincelantes, les fauteuils, les prie-Dieu de velours semblaient attendre des mariés. Une foule nombreuse d'invités occupait les deux côtés de la nef. On venait célébrer une messe d'actions de grâces en l'honneur du cinquantième anniversaire du mariage de M. Gabriel Colmet-Daàge, doyen honoraire de la Faculté de Droit de Paris, et de Madame Gabriel Colmet-Daàge.

A midi, aux sons de l'orgue, le cortège entrait dans l'Eglise. En tête les deux vieux époux suivis de leurs enfants, M. le docteur Lobligeois et Madame Lobligeois leurs gendre et fille, M. Georges Colmet-Daàge ancien magistrat, et Madame Georges Colmet-Daàge née Salmon, leurs fils et bru, M. Glasson, membre de l'Institut, professeur à la Faculté de droit et Madame Glasson, leurs gendre et fille, et Mademoiselle Berthe Colmet-Daâge leur fille.

Après les enfants marchaient les neuf petits-enfants, MM. Gabriel, Félix et Henri Lobligeois, Gabriel, René et Guy Colmet-Daâge, Paul Glasson, Mlles Lucie et Marie Glasson.

Au milieu de la messe, après l'évangile, M. l'abbé Perdreau, curé de Saint-Etienne-du-Mont, a prononcé le discours suivant :

Monsieur et Madame.

Vous avez bien raison de revenir au pied de l'autel remercier Dieu des grâces dont il vous a comblées depuis cinquante ans. Vous êtes du petit nombre de ceux qui peuvent mesurer les grandes époques de leur vie, avec une mesure d'un demi-siècle. On doit vous appeler des victorieux : vous avez remporté sur le temps, ce terrible ennemi des mortels, la victoire la plus enviée. Il y a donc aujourd'hui cinquante ans, que vous vous êtes promis, devant Dieu, une fidélité inviolable, et cinquante ans que Dieu de son côté, par la bouche de son ministre, a promis de vous bénir, tant que vous respecteriez la sainteté de vos serments. Dieu n'a pas retiré sa parole parce que vous avez gardé la vôtre. Vous avez été des époux excellents, craignant Dieu et faisant le bien. Aussi Dieu vous a-t-il bénis ; il vous a favorisés de mille manières ; il vous a entourés d'estime et de considération ; il a rendu votre maison peuplée et joyeuse, en vous donnant des enfants, des petits-enfants qui font votre première couronne.

Vous réalisez la pensée de l'Eglise sur le mariage chrétien. Oui, c'est bien ainsi que tout se doit passer entre l'homme et la femme que Dieu bénit. Au début de leur mariage, ils trouvent dans la loi divine un code de morale, un tempérament qui régularise ce que les premières amours pourraient avoir de trop ardent. Au milieu de la vie, ils s'occupent, sous l'œil de Dieu, à élever leurs enfants ; ils accomplissent, en vrais chrétiens, les devoirs que leur impose la société, où la Providence les a placés. Quand arrivent les derniers temps, ils cherchent en Dieu leurs meilleures espérances ; ils demeurent plus unis que jamais l'un à l'autre, par le plus grand besoin qu'ils ont de se soutenir : ce sont des amis incomparables. Songez donc ! il y a tant d'années qu'ils s'aiment ; il y a cinquante ans ! et jamais un seul jour ils n'ont pensé à reprendre leur cœur.

Mon cher et digne ami, vous avez écrit, en vous jouant (nous savons tous que l'étude des lettres, la poésie occupent vos loisirs), vous avez écrit, dis-je, un petit livre qui m'a charmé et m'a donné l'explication de votre vie : *Histoire d'une Vieille Maison*. Vous appartenez par vos pères à cette ancienne bourgeoisie française, qui a rempli dans l'histoire de notre pays une place si considérable et si justement acquise au prix d'une probité séculaire et de services publics, généreusement rendus. Vos pères donc, jouissaient, dans la petite ville de Bray, d'une considération bien des fois méritée ; tandis que vos mères, tenaient à leur côté, école de religion et de vertu ! Monsieur votre père est sorti de la *Vieille Maison* jeune encore, mais déjà formé à l'obéissance, au respect de vos anciens, à l'estime des traditions, passionné pour ce qui est beau et honnête, embaumé par le parfum des exemples qu'il avait pour ainsi dire respiré dès l'enfance.

Monsieur votre père s'établit à Paris où vous êtes né. Là, élevé par une sainte mère, et sous l'heureuse direction de ce sage père, qui a su vous inspirer l'amour de la vertu par ses conseils et par ses exemples, vous avez pu vous livrer tout entier au noble désir qui vous dévorait. Car vous êtes de ceux qui se sont proposé dans leur vie un but noble, un but unique, un but digne de tous leurs efforts. Quand j'eus l'avantage de vous connaître, vous étiez arrivé au comble de vos vœux et de l'honneur ; je saluai en vous le doyen de la Faculté de Droit de Paris. C'était, en effet, à l'étude du Droit que vous vous étiez consacré ; après de brillants débuts, vous le professiez à la Faculté de Paris, depuis longues années. Etude d'un intérêt suprême, qui élève l'esprit jusqu'aux sommets de la sagesse humaine ; enseignement supérieur, qui permet d'apprendre, à ceux qui entrent dans la vie, les vrais principes de l'équité et de la justice, d'où dépend le bonheur des individus et des États. Mais, laissez-moi vous le dire, mon digne ami, vous avez mieux fait que de professer le Droit, vous vous en êtes inspiré pour en faire la règle de votre existence ; vous l'avez pratiqué comme un citoyen intègre, entre tous. Si, pendant trente-huit ans, l'élite de

la jeunesse française s'est pressée avec respect au pied
de votre chaire, c'est parce que vous lui avez parlé avec
la double autorité d'un savant et d'un homme de bien. Je
ne vous ai entendu qu'une seule fois, c'était, je crois, en
1875, à la distribution solennelle des prix de l'École, Avec
quelle conviction vous reconnaissiez un droit éternel, qui
précède et domine les lois humaines! Avec quelle con-
science vous affirmiez n'avoir jamais donné à vos élèves
que des leçons capables de les maintenir dans les senti-
ments d'une éducation chrétienne; j'écoutais en vous le
disciple de Domat et de Pothier.

Pour vous, Madame, vous avez rempli un rôle plus mo-
deste, mais non moins important. Vous avez été une
femme chrétienne: un ange de Dieu au foyer domestique;
faisant votre devoir, tout votre devoir, sans éclat et sans
bruit. Vos enfants se sont levés, ils ont redit vos exemples et vos conseils; les pauvres ont raconté vos aumônes;
vos amis, votre bonté infatigable. Le dévouement est chez
vous une seconde nature; l'épreuve semble doubler les
énergies de votre cœur. Ce que vous êtes à ceux qui souf-
frent, nul ne le sait comme vos plus intimes; et M. Colmet-
Daàge lui-même, si courageux que nous le connaissons,
n'aurait peut-être pas soutenu, comme il l'a fait, les plus
rudes assauts de la maladie, si vous n'aviez pas été là
pour lui prêcher la patience et l'espoir en Dieu.

Lorsque le prêtre vous a mariés, il y a cinquante ans,
la messe achevée, il a récité sur vous une prière que je
veux redire en finissant: *Deus Abraham, Deus Isaac, et
Deus Jacob sit vobiscum et ipse adimpleat, benedictionem
suam in vobis :* Que le Dieu d'Abraham, le Dieu d'Isaac,
le Dieu de Jacob soit avec vous et que lui-même il achève

sur vous sa bénédiction. Mes vénérables amis, Dieu vous a si bien bénis depuis cinquante ans que nous n'avons rien, en vérité, à lui demander autre chose, que d'achever sur vous ses bénédictions accoutumées. *Ut videatis filios filiorum vestrorum usque ad tertiam et quartam generationem*, pour que vous voyez les fils de vos fils jusqu'à la troisième et quatrième génération. Voici votre première génération; voici votre seconde qui est déjà toute grande : que Dieu vous accorde d'en voir la suite. *Et posteà habeatis vitam æternam*, et qu'après vous ayez la vie éternelle. *Posteà*, après; après que vous serez restés de longues années encore au milieu de nous, pour être le bonheur de vos enfants et la joie de vos amis; *posteà*, qu'après ce temps-là, vous ayez la vie éternelle. Ainsi soit-il !

A l'issue de la messe, le cortège s'est rendu à la sacristie, où les nombreux invités sont venus apporter aux vieux époux leurs vœux et leurs félicitations.

Après cette touchante cérémonie M. et Mme Gabriel Colmet-Daàge ont offert chez eux un lunch à leurs parents et à leurs amis.

Le soir, outre leurs enfants et petits-enfants ils réunissaient à leur table Madame veuve Félix Colmet-Daàge leur belle-sœur et ses enfants, ainsi que M. Henri Colmet-Daàge leur frère et beau-frère et ses enfants. Les deux époux regrettaient de ne voir auprès d'eux, ni leur frère et beau-frère M. Félix Colmet-Daâge, ni leur belle-sœur Madame Henri Colmet-Daâge née Bordet, décédés l'un deux ans et l'autre trois ans auparavant. On pensait à la joie qu'auraient éprouvée ces chers absents dans cette fête de famille.

Après le dîner on a lu des vers charmants en l'honneur de cette cinquantaine. C'était l'œuvre d'un érudit doublé d'un poëte, M. Édouard Fremy dont le père, l'illustre chimiste est le plus ancien et le plus cher des amis de M. Gabriel Colmet-Daâge, — une amitié de plus de soixante ans, qui ne compte que d'heureux souvenirs.

LE CINQUANTIÈME PRINTEMPS

A Monsieur et à Madame Gabriel Colmet-Daâge.

Quand les feux rougissants du soir, de la colline
Estompent les contours vagues et vaporeux,
Le laboureur, cessant sa tâche, s'achemine
Au foyer qui l'attend avec sa paix divine :
La faux sur son épaule, il chante, il est heureux !

Sous le soleil d'août flamboyant sur sa tête
Il a fauché son champ pendant le jour entier :
Le travail était dur, mais la besogne est faite :
Son toit fume là-bas : il va, le cœur en fête,
Humant la brise fraîche en foulant le sentier ;

Égrenant dans l'air pur sa claire sonnerie,
Au clocher du hameau l'Angelus a tinté :
Un sourd mugissement monte d'une prairie,
Un bêlement d'agneau part d'une métairie...
Tout est repos, douceur, calme. sérénité !

Ainsi tous deux, lassés des travaux de la vie,
Vous respirez du soir l'enivrante fraîcheur :
L'un sur l'autre appuyés, votre tâche accomplie,
Vous marchez souriants, chacun l'âme ravie
D'avoir à nous montrer vos gerbes de bonheur !

Depuis que vous avez uni vos destinées
Cinquante fois déjà les lilas ont fleuri,
Cinquante fois aussi leurs fleurs se sont fanées
Sans jamais qu'en vos cœurs, en dépit des années,
La source de l'Amour pur et fort ait tari.

Vous avez vu des jours sans nuage, sans ombre,
Où le ciel était clair et l'azur radieux
Et puis des jours d'orage et de tempête sombre
Où dans un gouffre noir tout s'engloutit et sombre :
Vous avez repoussé des assauts furieux ;

Mais, ami vénéré, vous êtes le vrai Sage :
En niant la douleur Caton n'y gagnait rien ;
Vous avez su prouver à tous que le courage
N'est point de se raidir en Stoïque, avec rage,
Mais de porter sa croix doucement, en Chrétien !

En ce siècle qui meurt de la soif des richesses,
En ce temps de bien-être et de luxe effréné,
De lâchetés sans nom, de coupables faiblesses,
De persécutions et d'indignes bassesses,
Où l'on rougit, hélas, quelquefois d'être né,

Vous montrez ce qu'étaient les hommes d'un autre âge,
Ce que furent l'honneur éclairé par la foi,
Le vieil esprit français, notre ancien héritage.
L'exquise courtoisie et son discret hommage,
Quand on croyait à Dieu, quand on croyait au Roi !

Jamais on n'oubliera votre sublime exemple
Et votre inaltérable, héroïque gaité !
Chacun se sent meilleur alors qu'il vous contemple ;
Jadis l'Antiquité vous eût construit un temple :
Personne autant que vous ne l'aurait mérité !

Que dirai-je de vous, noble et vaillante femme,
Mère au cœur grand et bon, loyal et tendre et fort,
Vous donnant toute à tous, jour et nuit, corps et âme ?
Vous êtes du foyer la pure et sainte flamme,
Sans vous le feu sacré du logis serait mort ;

L'Amitié, grâce à vous, y conserve sa place :
Au lendemain du jour que nous fêtons ici,
Au lieu de l'écarter par un rempart de glace,
En lui tendant la main franchement, avec grâce,
Vous la fites asseoir auprès de vous : Merci !

Elle s'en souvient bien et vous reste fidèle :
Pour vous chanter j'emprunte et son cœur et sa voix;
En m'inspirant ces vers, qui sont dictés par elle,
Elle forme le vœu qu'une fête si belle
Vienne encor resserrer ses liens d'autrefois !

Soyez longtemps heureux, vous avez droit de l'être,
Pour moissonner les champs que vous avez semés,
Pour récolter le bien que vous avez fait naître,
Pour exalter le nom proscrit du Divin Maître,
Pour réjouir tous ceux dont vous êtes aimés !

ÉDOUARD FREMY.

11 mai 1887.

Paris. — Imp. F. Pichon, 30, rue de l'Arbalète, & 24, rue Soufflot.